KU-441-490

Fred Chesneau

inde

Photos de Bernhard Winkelmann

MANGO

Le Globe-Cooker en Inde
Les recettes d'un cuistot sans frontières

Globe-Cooker : le nom est lâché ! Ce faux anglicisme (*cooker* signifiant poêle en anglais) s'est imposé naturellement à moi pour résumer mon métier de cuisinier globe-trotter.

L'idée première est d'explorer un pays au travers de sa cuisine et surtout des gens qui la font. Pousser les portes d'un restaurant, m'inviter à la table du voisin, m'acoquiner avec la mama locale pour glaner des recettes, des tours de main, des associations, mais aussi prendre le temps de partager le quotidien de ces personnes.

Dans ce livre, je vous emmène à la découverte du pays des couleurs et des épices : l'Inde !

Sur ce sous-continent, abritant plus d'un milliard d'habitants, le fameux adage « dis-moi ce que tu manges, je te dirai qui tu es » se vérifie plus que partout ailleurs au monde. Subdivisée en fonction des castes, des religions, des régions et des saisons, cette cuisine offre au final un gigantesque kaléidoscope des mets, loin du petit éventail auquel nous sommes habitués dans nos « cantines » indiennes de quartier qui, toutes (sans exception), ne sont originaires que d'une seule région de l'Inde, le Penjab.

En Inde, on raconte qu'il existe autant de façons de cuisiner qu'il y a d'Indiens. Alors, loin de moi l'idée de me transformer en Schéhérazade pour vous conter les mille et une recettes de la cuisine indienne ! Mais faites-moi confiance pour vous mettre l'eau à la bouche au travers de ces quelques recettes qui me sont chères. Des incontournables aux plus insolites, toutes un tantinet revisitées, laissez-vous bercer par mes coups de cœur qui feront la joie de vos invités !

Likhaavat ! (Bon appétit !)

Fred Chesneau, le Globe-Cooker

Accordons nos violons !

Réputée comme l'une des plus raffinées et diversifiées au monde, la cuisine indienne vous obligera à changer un tant soit peu votre façon d'œuvrer. Petits conseils pour réveiller l'Indien(ne) qui sommeille en vous...

Bienvenue dans la zénitude !

A contrario du reste de l'Asie qui privilégie des cuissons « minute », la cuisine indienne se caractérise par ses longs temps de marinade et de mijotage. Exit les petits plats préparés au débotté, et vive l'anticipation ! Avantage tout de même : vous n'aurez quasiment plus rien à faire lors de l'arrivée de vos invités.

Misez sur votre karma...

Le dosage des épices est toujours vécu avec beaucoup de stress. Loin de moi l'idée de vous inciter à vous transformer en Merlin l'Enchanteur, mais sachez garder de la distance quant au maniement des épices en laissant parler votre instinct ou votre bonne étoile... comme les Hindous, quoi !

Au secours les calories !

Sous ses airs très colorés et raffinés, la cuisine indienne n'est pas des plus lights. Notamment lorsque l'on touche aux spécialités du Nord, essentiellement composées de ghee (le beurre clarifié). Sachez donc composer votre menu en respectant un certain équilibre entre les plats : pourquoi pas une salade du Malabar en entrée (voir page 22), un butter chicken en plat (voir page 32) et une glace à la pistache en dessert (voir page 44). Ou mieux, mettez à l'honneur un mets typiquement indien pour le plat de résistance et embarquez vos invités dans un autre pays pour l'entrée et le dessert...

On s'équipe...

Rassurez-vous, je ne suis pas en train de vous convaincre de faire table rase de votre équipement de cuisine habituel ! Mais je vous conseille simplement d'investir dans un mixeur et un mortier (en pierre), qui serviront après pour votre cuisine au quotidien.

Cuisinez votre épicier !

Si vous avez la chance d'habiter à proximité d'un quartier indien, foncez – ne serait-ce que pour le coup d'œil – dans une épicerie indienne. Sinon, une épicerie arabe fera amplement l'affaire. Dans tous les cas, n'hésitez pas à mettre votre épicier à contribution dans le décryptage des épices et condiments. N'oubliez pas également de vous munir de ce livre, notamment pour la rubrique qui suit...

Kesako ?

Curry

Cet anglicisme n'est autre que le garam masala (voir page 10), mais en version poudre. Ce sont les colons britanniques qui en furent à l'origine : de retour au pays, nostalgiques de la cuisine indienne, ils comprirent que le meilleur moyen pour transporter le masala était de le réduire en poudre. La plus connue des poudres de curry est celle de Madras.

Cardamome

Noire, blanche, verte... c'est cette dernière que j'utilise le plus souvent pour mes recettes indiennes, car beaucoup plus parfumée. À défaut, utilisez la blanche.

Il fait nul doute que l'Inde est LE pays des épices ! Même si, pour chaque recette, j'ai essayé de simplifier au maximum leur nombre, il est certain que vous ne pourrez pas vous lancer dans la cuisine indienne sans un passage obligé chez votre épicier chéri. Pour vous aider à « cuisiner » votre nouvel ami, reposez-vous sur le petit vade-mecum qui suit...

Lait de coco

Récurrent sur tous les plats de la cuisine du Sud, a l'instar du Nord avec le ghee. Attention ! Deux types de lait de coco existent : l'un pour la cuisine, l'autre pour les desserts (avec adjonction de sucre). Ouvrez l'œil lors de vos achats ! Dans mes recettes, seul le lait de coco sans sucre, pour la cuisine, est utilisé.

Poivre

L'or noir de l'Inde. Pour la petite histoire, c'est en voulant rejoindre le Malabar (nouvellement Kerala) pour rapporter du poivre, que Christophe Colomb fit fausse route et découvrit l'Amérique ! Il existe en frais (c'est mieux mais compliqué à trouver) ou en conserve. Pour info, le poivre noir n'est autre que du poivre vert séché au soleil...

Gingembre

En Inde, en fonction des régions, on l'utilise frais ou sec (en poudre). Dans mes recettes, je privilégie toujours le premier. On en trouve désormais partout en France. On l'épluche comme une pomme de terre et on le râpe en prenant soin de s'arrêter à la partie fibreuse du centre.

Curcuma

Cousin du gingembre, c'est plus pour son pouvoir colorant orangé que pour son goût qu'on l'utilise. Très compliqué à trouver en frais, vous n'aurez en revanche aucun problème à en dégoter en poudre.

Garam masala

Garam signifiant « chaud » en hindi et *masala* « mélange », c'est l'équivalent du raz-el-hanout pour les Marocains ou du cinq-épices pour les Chinois. Incontournable de tous les plats du nord de l'Inde, vous le trouverez dans toutes les épiceries spécialisées. Sinon, libre à vous de réaliser votre garam masala maison avec :
2 feuilles de laurier - 2 piments oiseaux séchés - 10 gousses de cardamome - 1 bâton de cannelle - 1 cuillerée à soupe de graines de coriandre - 1 cuillerée à soupe de graines de cumin - 1 cuillerée à café de clous de girofle - 2 cuillerées à café de graines de poivre noir - 1/4 de cuillerée à café de muscade râpée.

Clou de girofle

Un petit je-ne-sais-quoi d'irré-sistible et de caractéristique de la cuisine indienne.

Badiane

Autrement appelée anis étoilé, elle vient compléter le tiercé gagnant avec la cardamome et le clou de girofle.

Ghee

Ce n'est autre que du beurre clarifié, c'est-à-dire débarrassé de son lactose, donc plus digeste et supportant des températures plus élevées à la cuisson. Pour le réaliser, rien de plus simple : faites fondre à feu doux du beurre, puis transvasez-le dans un récipient en vous arrêtant au « petit-lait » qui se sera déposé au fond. Le ghee est principalement utilisé dans la cuisine du Nord. Il se conserve 2 semaines au réfrigérateur. À défaut, pas de stress, du beurre classique fera l'affaire.

Recettes

Accras comme à Goa

Ces petites croquettes aux crevettes sont à mourir ! En Inde, elles portent le nom de bhaji. *On les déguste pour le tea time. Moi, je vous recommande sans hésiter de les servir à l'apéro : succès garanti !*

Préparation : 15 minutes
Cuisson : 2 à 3 minutes par fournée

INGRÉDIENTS POUR 20 ACCRAS

16 grosses crevettes (type Madagascar) cuites et décortiquées

150 g de farine de pois chiche (à défaut, farine de blé)

2 petits piments rouges épépinés et finement hachés

½ botte de coriandre hachée

1 cuillerée à café de bicarbonate de sodium (dans tous les supermarchés)

2 pincées de sel

5 tours de moulin à poivre

Pour la friture
50 cl d'huile de tournesol

1. Décortiquez les crevettes et coupez-les en petits morceaux.

2. Dans un saladier, mélangez la farine avec 2 cuillerées à soupe d'eau tiède. Incorporez les crevettes et le reste des ingrédients.

3. Faites chauffer l'huile dans un wok ou une sauteuse. À l'aide d'une petite cuillère, façonnez 20 croquettes de la taille d'une noix.

4. Faites frire les croquettes, six par six, dans l'huile chaude pendant 2 à 3 minutes jusqu'à ce qu'elles soient bien dorées. Égouttez-les sur un papier absorbant et dégustez.

Le petit plus   *Même si, en Inde, on déguste les accras nature, je dois avouer qu'ils seront encore meilleurs si vous les trempez dans une mayonnaise rehaussée de ketchup et d'un trait de cognac.*

Samosas

Les fameux petits chaussons dont tout le monde raffole !

Préparation : 30 minutes
Cuisson : 20 minutes

INGRÉDIENTS POUR 16 SAMOSAS

2 pâtes brisées prêtes à l'emploi	½ cuillerée à café de cumin en poudre
1 œuf	1 cuillerée à café de coriandre en poudre
3 pommes de terre de taille moyenne (type bintje)	1 bonne pincée de curcuma
	½ cuillerée à café de garam masala
100 g de petits pois écossés, frais ou surgelés	1 cuillerée à café de gingembre râpé
	½ bouquet de coriandre
1 oignon	4 cuillerées à soupe d'huile d'olive
2 petits piments rouges épépinés	Sel, poivre du moulin

1. Préchauffez le four à 180 °C (th. 6).

2. Pelez les pommes de terre et coupez-les en tout petits cubes. Hachez l'oignon, les piments et la coriandre.

3. Blanchissez les petits pois 3 minutes dans un grand volume d'eau bouillante (si vous utilisez des petits pois surgelés, ils sont cuits dès qu'ils remontent à la surface). Égouttez-les.

4. Dans une sauteuse, faites chauffer l'huile, puis faites dorer l'oignon 5 minutes à feu moyen. Ajoutez le cumin, la coriandre en poudre, le curcuma et le garam masala. Incorporez les pommes de terre, les petits pois, le gingembre et les piments. Faites revenir le tout 5 minutes à feu moyen en remuant. Ajoutez la coriandre fraîche au dernier moment. Rectifiez l'assaisonnement.

5. Étalez les deux pâtes et découpez des cercles de 10 cm de diamètre environ à l'aide d'un emporte-pièce (ou d'un verre et d'un petit couteau).

...

...

6. Disposez un petit tas de farce au centre de chaque cercle.

7. Séparez le blanc d'œuf du jaune. À l'aide d'un pinceau, badigeonnez le tour de la pâte de blanc d'œuf légèrement battu à la fourchette.

8. Rabattez les bords du cercle sur la farce pour l'enfermer en pressant bien sur les bords. Avec les dents d'une fourchette, réalisez des petites stries.

9. Badigeonnez le dessus des chaussons de jaune d'œuf délayé avec 1 cuillerée à soupe d'eau.

10. Déposez les samosas sur la plaque du four recouverte de papier sulfurisé. Enfournez et faites cuire 20 minutes.

Le petit plus *Accompagnez ces délicieux chaussons d'un chutney menthe-coriandre (voir page 26).*

Caviar d'aubergine du Penjab

Imaginez... Un agneau biryani fondant (voir page 36), un délicieux chutney menthe-coriandre (voir page 26), de croustillants parathas (voir page 24), et ce divin petit caviar d'aubergine... On pourrait se croire à la table d'un seigneur rajput. Eh bien non, il s'agit tout simplement du prochain festin destiné à vos invités !

Préparation : 30 minutes
Cuisson : 35 minutes

INGRÉDIENTS POUR 6 PERSONNES

3 grosses aubergines	½ cuillerée à café de cumin en poudre
2 tomates	1 cuillerée à café de graines de fenouil en poudre
1 gros oignon	
1 cuillerée à café de coriandre en poudre	½ bouquet de coriandre
	100 g de beurre
1 cuillerée à café de paprika	2 bonnes pincées de sel
1 cuillerée à café de curcuma	

1. Coupez les aubergines en deux et déposez-les sur la plaque du four. Passez-les sous le gril du four pendant 35 minutes environ en les retournant à mi-cuisson. Elles doivent être bien brûlées.

2. Prélevez délicatement la chair des aubergines à l'aide d'une cuillère. Égouttez-la sur du papier absorbant puis hachez-la au couteau.

3. Pelez et émincez l'oignon. Hachez la coriandre. Épépinez les tomates et taillez-les en petits dés.

4. Faites fondre le beurre dans une sauteuse, puis faites dorer l'oignon 5 minutes à feu moyen. Ajoutez les tomates, la coriandre hachée, toutes les épices et le sel. Mélangez le tout et faites réduire 5 minutes à feu vif en remuant régulièrement.

5. Incorporez la chair d'aubergine et laissez encore mijoter 5 minutes. Dégustez tiède ou froid.

Le petit plus Non seulement ce caviar se conserve 1 semaine au réfrigérateur, mais il est parfait en dip à l'apéro avec des mouillettes de pain de campagne grillé.

Salade du Malabar

C'est LA salade fraîcheur par excellence ! Contraste de goûts, de couleurs et de consistance assuré.

Préparation : 15 minutes
Cuisson : 3 minutes

Ingrédients pour 6 personnes

3 pommes granny smith
300 g de crevettes (type Madagascar) cuites et décortiquées
100 g de noix de cajou torréfiées et grossièrement broyées
50 g de noix de coco râpée
2 petits piments rouges

½ bouquet de menthe
½ bouquet de coriandre
Le jus de 3 citrons verts
4 cuillerées à soupe d'huile d'olive
1 cuillerée à soupe de sucre semoule
Sel, poivre du moulin

1. Lavez les pommes et coupez-les en quartiers puis en bâtonnets. Arrosez-les aussitôt avec le jus de 1 citron vert.

2. Dans une poêle, faites dorer la noix de coco à sec 3 minutes à feu doux.

3. Coupez les crevettes en deux dans l'épaisseur. Épépinez les piments et hachez-les. Ciselez la coriandre et les feuilles de menthe.

4. Dans un saladier, mélangez les crevettes, les bâtonnets de pommes, les noix de cajou, les herbes et le piment.

5. Ajoutez le reste du jus de citron, le sucre et l'huile d'olive. Salez et poivrez. Mélangez bien le tout.

6. Dressez la salade dans des petites assiettes et saupoudrez de noix de coco.

Le petit plus Pour torréfier les noix de cajou, étalez-les sur la plaque du four et faites-les dorer au four (préchauffé à 225 °C – th. 7-8) pendant 5 à 7 minutes.

Parathas

Exit les sempiternels naans, place aux parathas ! Ces petites galettes feuilletées sont un vrai bonheur pour accompagner les currys en sauce. En Inde, comme les couverts n'existent pas, ils servent de petite cuillère : on découpe un morceau que l'on plie en cône pour saisir les aliments, puis on engloutit le tout avec délice...

Préparation : 10 minutes
Cuisson : 2 minutes par paratha

INGRÉDIENTS POUR 10 PARATHAS
100 g de farine de blé
100 g de farine de blé complète
100 g de ghee (beurre clarifié) fondu
(voir page 11)
2 pincées de sel

1. Dans un saladier, mélangez les deux farines et le sel, puis incorporez 1 verre d'eau tiède. Pétrissez jusqu'à obtenir une pâte souple (si elle est trop liquide, ajoutez un peu de farine ; à l'inverse, si elle est trop ferme, ajoutez un peu d'eau).

2. Confectionnez 10 pâtons. Abaissez-les sur un plan de travail fariné en forme de disques du diamètre d'une assiette.

3. À l'aide d'un pinceau, badigeonnez les galettes de beurre clarifié. Repliez-les en deux. Badigeonnez à nouveau la surface de beurre. Repliez encore en deux et abaissez une dernière fois pour obtenir une fine galette.

4. Dans une poêle antiadhésive bien chaude, faites chauffer 1 cuillerée à café de beurre clarifié. Faites cuire chaque galette 1 minute de chaque côté en les badigeonnant de beurre avant de les retourner. Réalisez ainsi les autres galettes.

Le petit plus Maintenez les parathas au chaud en les plaçant au fur et à mesure dans le four chauffé à 130 °C (th. 4-5) sur une assiette recouverte de papier d'aluminium.

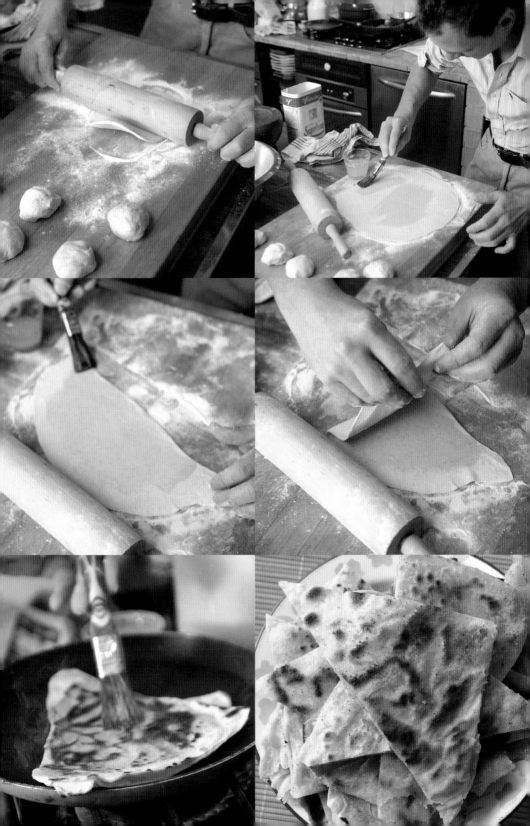

Mes petits chutneys

« Am stram gram… » Stop ! Ne vous torturez pas à faire un choix entre ces quatre condiments. Ils sont tellement simples à réaliser que je vous conseille de vous atteler aux quatre d'un coup.

Chutney menthe-coriandre

Préparation : 10 minutes
Sans cuisson

3 yaourts à la grecque
2 petits piments (rouges ou verts) épépinés
1 cuillerée à café de gingembre râpé

Le jus de 1 citron vert
1 bouquet de menthe
1 bouquet de coriandre
Sel, poivre du moulin

1. Mixez tous les ingrédients jusqu'à l'obtention d'une sauce homogène. Salez et poivrez.

2. Réservez au frais jusqu'au moment de servir.

Chutney à la mangue

Préparation : 10 minutes
Cuisson : 1 h 10

3 mangues bien mûres, pelées et coupées en dés (ou 1 kg de mangue surgelée)
2 gousses d'ail hachées
2 bâtons de cannelle
5 clous de girofle

1 cuillerée à soupe de gingembre râpé
2 pincées de piment en poudre ou 1 petit piment rouge épépiné et haché
15 cl de vinaigre de riz
100 g de sucre semoule

1. Mettez tous les ingrédients dans une casserole. Couvrez et faites cuire 10 minutes à feu vif.

2. Baissez le feu et faites mijoter à découvert pendant 1 heure en remuant régulièrement. Dès que la préparation est sirupeuse, telle une confiture, c'est fini.

Chutney à l'ananas

Préparation : 10 minutes
Sans cuisson

1 gros ananas (ou 2 petits)
1 oignon rouge finement émincé
2 gousses d'ail hachées
2 petits piments rouges épépinés
et hachés

1 cuillerée à café de gingembre râpé
Le jus de 2 citrons verts
3 cuillerées à soupe de sucre glace
1 cuillerée à café de sel

1. Épluchez et coupez l'ananas en petits dés.

2. Mélangez tous les ingrédients dans un saladier et réservez
au frais jusqu'au moment de servir.

Raïta

Préparation : 10 minutes
Sans cuisson

1 concombre épluché râpé
3 tomates épépinées et coupées
en petits dés

3 yaourts à la grecque
Sel, poivre du moulin

1. Essorez le concombre râpé en le pressant entre vos mains.

2. Mélangez tous les ingrédients dans un saladier. Salez
et poivrez.

3. Réservez au frais jusqu'au moment de servir.

Le petit plus Pas la peine d'attendre de cuisiner indien pour mettre ces chutneys
à table ; ils sont parfaits pour accompagner des viandes blanches
ou poissons grillés.

Papillotes de cabillaud au poivre vert

C'est implacable : la papillote a toujours un effet magique sur les invités. Surtout grâce à la surprise qu'elle génère lors de son ouverture, tant pour le coup d'œil que pour le parfum. Alors, si en plus vous arrivez à dégoter des feuilles de bananier, c'est le carton assuré !

Préparation : 20 minutes
Cuisson : 20 minutes

INGRÉDIENTS POUR 6 PERSONNES

6 pavés de cabillaud
6 petites branches de poivre vert frais

6 carrés de 15 × 20 cm de feuilles de bananier (ou de papier d'aluminium)

Pour la pâte de curry

2 gousses d'ail
3 petits piments rouges
½ cuillerée à café de cumin en poudre
1 cuillerée à café de coriandre en poudre
1 cuillerée à café de graines de moutarde
Les graines de 3 branches de poivre vert fais (ou 1 petite boîte de conserve)

1 cuillerée à café de gingembre râpé
10 cl de lait de coco
Le jus de ½ citron vert
½ bouquet de menthe
½ bouquet de coriandre
1 cuillerée à café de sucre semoule
½ cuillerée à café de sel

1. Pour la pâte de curry : effeuillez la menthe et la coriandre. Épépinez les piments. À l'aide d'un robot, mixez tous les ingrédients.

2. Disposez 1 pavé au centre de chaque carré de feuille de bananier.

3. Tartinez les pavés de cabillaud de pâte de curry. Ajoutez 1 branche de poivre vert sur le dessus.

4. Refermez les feuilles de bananier sur le poisson comme un paquet-cadeau.

5. Déposez les papillotes dans un panier vapeur couvrez-les et faites-les cuire 20 minutes.

6. Accompagnez de riz express à l'indienne (voir page 42).

Le petit plus Troquez le cabillaud contre des pétoncles et des crevettes crues, c'est tout simplement divin (dans ce cas, la cuisson ne doit pas dépasser 15 minutes).

Butter chicken

Le plat qu'on a tous commandé au moins une fois dans un restaurant indien.
Fondant, onctueux, crémeux… Un pur régal comme dans le Penjab !

Préparation : 20 minutes + 2 heures de marinade
Cuisson : 1 h 40

INGRÉDIENTS POUR 6 PERSONNES

4 blancs de poulet	2 cuillerées à soupe de crème épaisse
1 gros bouquet de coriandre hachée	Sel, poivre du moulin
150 g de ghee (beurre clarifié) (voir page 11)	

Pour la pâte de curry

3 tomates	1 cuillerée à soupe de gingembre râpé
1 oignon	½ cuillerée à café de piment en poudre
3 gousses d'ail	½ cuillerée à café de cannelle en poudre
2 yaourts à la grecque	1 cuillerée à café de garam masala
100 g de poudre d'amandes	5 graines de cardamome
2 clous de girofle pilés	1 cuillerée à café de sel

1. Pour la pâte de curry : pelez l'oignon et les gousses d'ail. Épépinez les tomates. Mixez tous les ingrédients de la pâte de curry.

2. Coupez chaque blanc de poulet en 6 morceaux. Enrobez-les de pâte de curry. Couvrez de film alimentaire et placez 2 heures minimum au frais.

3. Préchauffez le four à 200 °C (th. 6-7).

4. Égouttez le poulet en réservant la marinade. Dans une cocotte, faites chauffer 50 g de ghee, puis faites dorer le poulet 5 minutes à feu vif. Ajoutez la marinade réservée et faites revenir encore 5 minutes.

5. Ajoutez le reste de beurre clarifié et les trois quarts de la coriandre. Salez, poivrez et mélangez. Couvrez, enfournez et laissez cuire 10 minutes.

6. Baissez le four à 150 °C (th. 5) et laissez cuire 1 h 20.

7. Juste avant de servir, ajoutez la crème fraîche et mélangez. Parsemez du reste de coriandre hachée et servez avec un riz express à l'indienne (voir page 42).

Le petit plus Ce plat peut aussi se décliner avec du porc ou de l'agneau. Dans ce cas, faites mariner la viande une nuit entière. Et renommez le plat !

Crumble Lord Mountbatten

Mea culpa... Cette recette n'est pas issue de la cuisine empirique indienne, mais simplement des essais culinaires d'une de mes amies à qui il arrive parfois de faire mouche. Son karma devait être bon ce jour-là...

Préparation : 20 minutes
Cuisson : 40 minutes

INGRÉDIENTS POUR 6 PERSONNES

3 grosses carottes
100 g de petits pois surgelés
1 poivron rouge
1 poivron vert
1 petit brocoli
80 g de noix de cajou
6 portions de Vache qui rit®

1 cuillerée à café de curry de Madras (curry doux) en poudre
150 g de farine
10 cl de crème liquide entière
100 g de beurre
Sel, poivre du moulin

1. Préchauffez le four à 180 °C (th. 6).

2. Hachez grossièrement la moitié des noix de cajou.

3. Pelez les carottes et coupez-les en bâtonnets.

4. Coupez les poivrons en deux, retirez les pédoncules, les graines et les fibres blanches, puis coupez-les en bâtonnets. Détachez les petits bouquets du brocoli.

5. Faites blanchir tous les légumes 1 minute dans une casserole d'eau bouillante. Égouttez-les et déposez-les dans un plat allant au four. Répartissez les portions de Vache qui rit® sur les légumes.

6. Mélangez le curry et la crème liquide entière. Arrosez toute la surface du plat de ce mélange. Salez et poivrez.

7. Préparez les miettes du crumble : dans un saladier, mélangez la farine et le beurre du bout des doigts afin d'obtenir une consistance de sable grossier. Saupoudrez-en la préparation puis répartissez les noix de cajou (hachées et entières) sur le dessus.

8. Enfournez et laissez cuire 40 minutes.

Le petit plus Servez ce crumble avec un chutney menthe-coriandre (voir page 26).

Agneau biryani

Si vous commandez ce plat dans le resto indien de votre quartier, ne vous étonnez pas qu'il soit loin de ressembler au résultat final de cette recette. Allez savoir pourquoi, mais je vous promets qu'en Inde, c'est ainsi et pas autrement qu'il est servi !

Préparation : 30 minutes + 4 heures de marinade
Cuisson : 2 h 40

INGRÉDIENTS POUR 6 PERSONNES

1 kg d'épaule d'agneau coupée
en petits cubes
500 g de riz basmati
2 yaourts à la grecque

1 gros oignon haché
3 bonnes pincées de pistils de safran
150 g de beurre
Sel, poivre du moulin

Pour la pâte de curry

2 gousses d'ail
½ bouquet de coriandre
½ bouquet de menthe
3 petits piments rouges épépinés
1 cuillerée à soupe de gingembre râpé

2 cuillerées à soupe de garam masala
1 cuillerée à café de curcuma en poudre
4 cuillerées à soupe d'huile d'olive
½ cuillerée à café de sel
6 tours de moulin à poivre

1. Mixez tous les ingrédients de la pâte de curry.

2. Mélangez l'agneau à cette pâte et laissez mariner 4 heures minimum au frais (l'idéal étant toute une nuit).

3. Dans une cocotte, faites fondre 50 g de beurre puis faites dorer l'oignon 5 minutes à feu moyen. Réservez-le sur une assiette. Égouttez l'agneau en réservant la marinade. Faites-le revenir dans la cocotte avec le beurre ayant servi à la cuisson de l'oignon 5 minutes à feu vif.

4. Remettez l'oignon dans la cocotte puis ajoutez les yaourts et la marinade réservée. Rectifiez l'assaisonnement. Laissez mijoter à couvert pendant 1 h 30.

5. Préchauffez le four à 180 °C (th. 6). Plongez le riz dans un grand volume d'eau bouillante et laissez-le cuire 10 minutes. Égouttez-le puis recouvrez l'agneau de riz.

6. Faites fondre le reste de beurre dans une casserole et ajoutez le safran. Versez ce mélange sur le riz. Couvrez la cocotte et enfournez 1 heure.

Le petit plus   *Ce plat est encore meilleur préparé la veille. Pour le réchauffer, enfournez la cocotte couverte 45 minutes dans un four préchauffé à 150 °C (th. 5).*

Panier du pêcheur

Fermez les yeux… Imaginez un ciel bleu, l'océan à perte de vue, le soleil qui vous caresse la peau, une petite brise atténuant sa douce chaleur, des parfums de coco, cannelle, cardamome, gingembre… Et vous, contemplatif sur le pont de votre house-boat. Tiens, on vous appelle ! C'est enfin l'heure de passer à table… Bienvenue dans le Kerala !

Préparation : 10 minutes
Cuisson : 10 minutes

INGRÉDIENTS POUR 6 PERSONNES

500 g de grosses crevettes crues décortiquées surgelées	3 clous de girofle
1 gros oignon	Une dizaine de feuilles de curry (facultatif)
2 gousses d'ail	1 boîte de lait de coco (40 cl)
2 petits piments rouges	Le jus de 1 citron vert
1 cuillerée à café de gingembre râpé	3 cuillerées à soupe d'huile d'olive
1 cuillerée à café de curcuma	Sel, poivre du moulin
1 bâton de cannelle	

1. Pelez et hachez séparément l'oignon et les gousses d'ail. Épépinez et hachez finement les piments.

2. Dans un wok ou une sauteuse, faites chauffer l'huile d'olive, puis faites dorer l'oignon 5 minutes à feu moyen. Ajoutez l'ail, le piment, le gingembre, le curcuma, la cannelle et les clous de girofle. Faites revenir le tout 2 minutes à feu moyen en remuant constamment.

3. Versez le lait de coco dans le wok et portez à ébullition à feu vif.

4. Incorporez ensuite les crevettes et prolongez la cuisson 3 minutes à feu vif.

5. Hors du feu, ajoutez le jus de citron vert et, éventuellement, les feuilles de curry. Salez, poivrez et laissez infuser 2 minutes.

6. Servez le panier du pêcheur dans des bols (ou des noix de coco ouvertes en deux), accompagné de parathas (voir page 24) et/ou d'un simple riz blanc.

Le petit plus Pour faire encore plus « panier du pêcheur », n'hésitez pas à ajouter pétoncles, calamars ou autres fruits de mer.

Langouste tandoori

Tandoori signifie que l'on cuit le plat dans un four nommé tandoor *(sorte de grosse jarre conique remplie au tiers de braises). Naturellement, aucun de nous ne dispose de cette bizarrerie locale... Qu'à cela ne tienne, votre four fera amplement la blague !*

Préparation : 20 minutes
Cuisson : 10 minutes

INGRÉDIENTS POUR 6 PERSONNES

3 langoustes (ou 6 petites)
1 bouquet de coriandre hachée

100 g de beurre demi-sel
Poivre du moulin

Pour la pâte de curry

2 yaourts à la grecque
3 gousses d'ail
1 cuillerée à café de gingembre râpé
1 cuillerée à café de paprika

1 cuillerée à soupe de garam masala
Le jus de 1 citron vert
1 cuillerée à soupe de sucre semoule

1. Préparez la pâte de curry : pelez les gousses d'ail. Mixez tous les ingrédients.

2. Faites fondre le beurre dans une casserole. Ajoutez la coriandre hachée et mélangez.

3. Tranchez les langoustes en deux dans la longueur. Passez une lame de couteau entre la carapace et la chair et extrayez le corps de la langouste. Coupez-le en tronçons de 2 cm de large.

4. Enrobez la chair de pâte de curry puis replacez le tout dans la carapace. Nappez le dessus de beurre à la coriandre.

5. Déposez les demi-langoustes sur la plaque du four. Donnez 8 tours de moulin à poivre.

6. Enfournez sous le gril bien rouge pendant 10 minutes.

Le petit plus *Si vous n'assumez pas de devenir le bourreau de la cuisine, placez les langoustes au congélateur pendant 10 minutes : elles seront totalement endormies et anesthésiées de toute souffrance au moment crucial...*

Mon riz express à l'indienne

Le riz à l'indienne comme au restaurant ! Et inratable en plus !

Préparation : 5 minutes
Cuisson : 15 minutes

INGRÉDIENTS POUR 6 PERSONNES

500 g de riz basmati
1 poignée de raisins de Corinthe
2 pincées de pistils de safran
½ cuillerée à café de curcuma
en poudre
1 bâton de cannelle

2 fleurs d'anis étoilé
6 graines de cardamome
50 g de beurre
½ cuillerée à café de sel
8 tours de moulin à poivre

1. Passez le riz 2 minutes sous l'eau froide pour enlever l'amidon. Égouttez-le et mettez-le dans une cocotte.

2. Recouvrez d'eau froide la surface du riz (il doit être couvert d'eau à hauteur d'une phalange de votre index).

3. Ajoutez le reste des ingrédients dans la cocotte et remuez. Portez à ébullition.

4. Dès que des « trous » se forment dans le riz (comme sur la plage lorsque vous voyez des couteaux respirer sous le sable), éteignez le feu et couvrez la cocotte : au bout de 15 minutes, votre riz sera cuit à point. Pour le garder au chaud pendant encore 1 heure, ne soulevez pas le couvercle.

Le petit plus *Avant de fermer le couvercle, disposez une feuille de papier d'aluminium sur le dessus de la cocotte : étanchéité garantie !*

Glace à la pistache

Une petite douceur idéalement rafraîchissante pour vos dîners d'été.
Rien à voir avec les glaces vendues dans le commerce : ici on est dans
le VRAI goût de la pistache ! Sans parler de l'onctuosité...

Préparation : 15 minutes + 2 heures au congélateur
Cuisson : 5 minutes

INGRÉDIENTS POUR 6 PERSONNES

200 g de pistaches en poudre
(dans tous les supermarchés)
1 pincée de pistils de safran

4 œufs
70 cl de lait concentré sucré (soit 1 kg)
40 cl de crème liquide entière froide

Pour la déco
Quelques framboises fraîches
2 cuillerées de pistaches en poudre

1. Séparez les blancs d'œufs des jaunes.

2. Dans une casserole, portez à ébullition le lait concentré. Versez les pistaches en poudre et le safran. Remuez jusqu'à obtenir un mélange homogène.

3. Hors du feu, incorporez un par un les jaunes d'œufs en mélangeant bien à l'aide d'un fouet. Laissez refroidir et réservez au réfrigérateur.

4. Fouettez la crème liquide en chantilly. Montez les blancs en neige ferme.

5. À l'aide d'une spatule, incorporez délicatement la chantilly à la crème de pistaches, puis les blancs en neige.

6. Versez la préparation dans un plat et mettez celui-ci au congélateur pendant 2 heures.

7. Sortez la crème glacée 10 minutes avant de servir. Déposez 1 belle quenelle de glace dans chaque assiette. Entourez de quelques framboises, puis parsemez de pistaches en poudre pour rehausser le vert de la glace.

Le petit plus   *Vous pouvez conserver cette crème glacée 2 semaines au congélateur. Attention, s'il en reste (ce qui est peu probable...), ne la recongelez jamais sous peine de vous intoxiquer !*

Halva à la carotte

L'essayer, c'est l'adopter ! Testez-le auprès de vos enfants... vous m'en direz des nouvelles !

Préparation : 15 minutes
Cuisson : 45 minutes

INGRÉDIENTS POUR 6 PERSONNES

1 kg de carottes
1 poignée d'amandes effilées
10 graines de cardamome vertes
1 litre de lait entier

125 g de ghee (beurre clarifié) (voir page 11)
250 g de sucre semoule

1. Préchauffez le four à 180 °C (th. 6).

2. Épluchez et râpez les carottes.

3. Versez le lait dans une cocotte. Ajoutez les carottes râpées et les graines de cardamome. Portez à ébullition. Baissez alors le feu et faites mijoter en remuant jusqu'à ce que le lait soit évaporé.

4. Ajoutez le beurre clarifié et le sucre dans la cocotte. Mélangez et prolongez la cuisson à feu moyen sans cesser de remuer jusqu'à ce que les carottes commencent à accrocher à la cocotte.

5. Étalez les amandes effilées sur une plaque de cuisson et faites-les dorer au four pendant 5 minutes.

6. Dressez la préparation dans un plat de présentation et parsemez d'amandes torréfiées.

Le petit plus — Servez ce délicieux entremets tiède accompagné d'une chantilly vanillée : 20 cl de crème liquide entière bien froide fouettée avec 1 cuillerée à soupe de mascarpone, 1 cuillerée à soupe de sucre semoule et les graines de 2 gousses de vanille.

Le bonus de Fred
L'incontournable lassi

Pas tout à fait une recette, plutôt un truc en plus qui vient compléter l'indian touch. Ce compromis entre le smoothie et le jus de fruits se sert habituellement en accompagnement des plats. Perso, je l'apprécie nettement plus au petit-déjeuner.

Préparation : 5 minutes
Sans cuisson

INGRÉDIENTS POUR 6 PETITS VERRES

3 mangues bien mûres pelées et coupées en dés (ou 1 kg de mangue surgelée)

2 yaourts à la grecque

10 cl de lait

1 cuillerée à soupe de sucre glace (facultatif)

4 glaçons

1. Mettez les glaçons dans un blender. Ajoutez les dés de mangues et le reste des ingrédients. Mixez le tout.

2. Dégustez ce lassi bien frais.

Le petit plus Troquez les mangues contre des fraises, des framboises ou des bananes.